S. Balamurugan

Princípios da Internet das Coisas

S. Balamurugan

Princípios da Internet das Coisas

ScienciaScripts

Imprint
Any brand names and product names mentioned in this book are subject to trademark, brand or patent protection and are trademarks or registered trademarks of their respective holders. The use of brand names, product names, common names, trade names, product descriptions etc. even without a particular marking in this work is in no way to be construed to mean that such names may be regarded as unrestricted in respect of trademark and brand protection legislation and could thus be used by anyone.

Cover image: www.ingimage.com

This book is a translation from the original published under ISBN 978-620-2-31407-7.

Publisher:
Sciencia Scripts
is a trademark of
Dodo Books Indian Ocean Ltd. and OmniScriptum S.R.L publishing group

120 High Road, East Finchley, London, N2 9ED, United Kingdom
Str. Armeneasca 28/1, office 1, Chisinau MD-2012, Republic of Moldova, Europe
Printed at: see last page
ISBN: 978-620-8-01659-3

SOBRE O AUTOR

O Dr. S. Balamurugan é Diretor de Investigação e Desenvolvimento na Mindnotix Technologies, Índia. **Publicou** mais de **150 artigos** em várias revistas e conferências internacionais e **é autor ou coautor de 12 livros.** Atualmente, está a trabalhar na autoria de mais três livros. Como Diretor de Investigação e Desenvolvimento na Mindnotix, ele e a sua equipa ganharam o **CSI Young IT Professional Award 2017 para a Região 7, apresentado pela Computer Society of India**, Coimbatore Chapter. Recebeu também o **prémio de melhor investigador** da IARA, o **certificado de excecionalidade** da ASDF, **o prémio de jovem cientista** e **o prémio de melhor jovem investigador**. Recebeu um **doutoramento honorário** pela sua contribuição significativa para a investigação e o desenvolvimento na sociedade e foi selecionado para o **prémio de melhor diretor de 2018**. Durante os seus estudos de bacharelato no PSG College of Technology, na Índia, desempenhou as funções de secretário-adjunto da ITA. Entre 2013 e 2016, conduziu um projeto de consultoria na área da saúde para os Hospitais VGM e os seus actuais projectos de investigação incluem **"Women Empowerment using IoT", "Health-Aware Smart Chair", "Advanced Brain Simulators for Assisting Physiological Medicine", "Designing Novel Health Bands"** e "IoT -based Devices for Assisting Elderly People". As suas actividades profissionais incluem funções como co-editor, membro do conselho editorial e/ou revisor em **mais de 100 revistas e conferências internacionais e 2 livros. Publishing House.** Foi convidado como presidente de sessão em mais de 25 conferências e como **convidado principal/ orador** em muitas faculdades filiadas na Universidade de Anna e na Universidade de Bharathiyar. A sua biografia consta da lista do "**World Book of Researchers" 2018, Oxford, Reino Unido, e da edição de 2018 do "Marquis WHO'S WHO", Nova Jérsia, EUA**. Os seus interesses de investigação incluem a modelação de objectos, a realidade aumentada, a Internet das Coisas, a análise de grandes volumes de dados, a computação FOG e a computação vestível. É membro vitalício da ACM, IEEE, ISTE e CSI. É autor de um capítulo num livro internacional **"Information Processing" publicado pela I.K. International Publishing House Pvt. Ltd, Nova Deli**, Índia, 978-81-906942-4-7. É autor de 4 livros intitulados **"Principles of Social Network Data Security"**, ISBN: 978-3-659-61207-7 e **"Principles of Scheduling in FOG Computing"**, ISBN: 978-3-639-66950-3 e **"Principles of Database Security"**, ISBN: 978-3-639-76030-9, **"Principles of Security in FOG Computing"**, ISBN: 978-3-639-51864-1

SOBRE O LIVRO

Este livro é um guia ideal para estudantes de B.E.. B.Tech., B.S., B.Sc, B.C.A., Ciência e Engenharia Informática, Tecnologia da Informação, Engenharia Eletrónica e de Comunicações que desejem realizar projectos sobre a Internet das Coisas e as suas aplicações. Os estudantes que frequentam programas de pós-graduação em ciências e engenharia, bem como os estudantes de M.E., M.Tech., M.S., M.Sc. e M.C.A., considerarão este livro útil para os seus projectos. Os investigadores que trabalham no domínio da Computação em Névoa e da Internet das Coisas considerarão este livro uma referência útil para os seus trabalhos de investigação de mestrado, doutoramento, doutoramento e outros trabalhos de pós-doutoramento. Os engenheiros de software que trabalham no sector das TI e ITES, especialmente no domínio da Internet das Coisas e das suas aplicações, considerarão este livro um recurso útil. Em conclusão, gostaria de dizer que o leitor encontrará neste livro um guia realmente útil e uma valiosa fonte de informação sobre a Internet das Coisas e as suas aplicações.

Dr. S. Balamurugan

AGRADECIMENTOS

O autor está sempre grato a Deus pela sua perseverança.

O Dr. Balamurugan gostaria de agradecer ao seu pai, o Sr. M. Shanmugam, e à sua mãe, a Sra. Sarojini, e a todos os membros da família pelo seu apoio. Gostaria de agradecer à sua mulher e melhor amiga, a Sra. S. Charanyaa, por lhe ter dado uma nova esperança e o ter apoiado em todos os seus esforços. Toda a sua gratidão vai para a sua mulher, que o tem acompanhado nos altos e baixos da vida, nos bons e maus momentos, e agora na jornada de escrever este livro. Agradece às suas irmãs, a Sra. S. Amudha e a sua família, e a Dra. S. Geetha e a sua família pelo seu apoio. Agradece também ao seu sogro, Sr. K.S.Subramaniam, e à sua sogra, Sra. S.Varalakshmi, pelo seu apoio. Os seus agradecimentos especiais vão para o seu cunhado, Sr. S. Vivek e a sua família, por o terem sempre motivado para o sucesso.

O Dr. Balamurugan gostaria de agradecer ao seu melhor amigo, o Sr. S. Sathish Kumar, fundador e Diretor Executivo da Mindnotix Technologies, Coimbatore, Índia, pelo seu apoio moral incondicional, pelos valiosos conhecimentos que forneceu e pela disponibilização de instalações e bancos de ensaio em tempo real para observar os aspectos práticos da modelação de objectos. Gostaria também de agradecer à equipa de gestão da Mindnotix Technologies, Coimbatore, Índia, pelo seu apoio.

O Dr. Balamurugan gostaria de agradecer à sua mulher e melhor amiga, a Sra. S. Charanyaa, e ao seu filho, o Mestre B. Surya, que considera a melhor parte da sua vida, pela sua paciência quando passava a maior parte do tempo a trabalhar nos livros.

DEDICAÇÃO

Este livro é dedicado a todos os estudantes de todo o mundo que queiram iniciar-se na investigação da IoT. Quando este livro for impresso, a vossa descoberta pode começar. Tudo de bom!

CAPÍTULO 1

INTRODUÇÃO

A Internet das Coisas (IOT) baseia-se em várias tecnologias que foram desenvolvidas através de ideias de investigação em diferentes domínios orientados para as aplicações. Atualmente, na sequência dos vários desenvolvimentos processuais em muitos domínios, os requisitos de segurança desempenham um papel importante que deve ser cumprido para cada tecnologia. Os requisitos de segurança e privacidade incluem o acesso e o controlo dos dados na rede da Internet das coisas. Esta função é de grande importância para os utilizadores, uma vez que as suas informações são armazenadas de forma segura e só podem ser acedidas pelo próprio utilizador. As medidas de segurança utilizadas noutros domínios não podem ser aplicadas à Internet das coisas, uma vez que as normas de comunicação são completamente diferentes. Se as mesmas normas de segurança forem utilizadas por diferentes dispositivos intercomunicativos neste domínio da Internet das Coisas, surge um problema de mensurabilidade. Por conseguinte, deve ser desenvolvido um novo ambiente flexível para fazer face a cenários dinâmicos.

A promoção de qualquer aplicação ou tecnologia recentemente desenvolvida baseia-se na garantia da segurança e da privacidade dos utilizadores que a utilizam. Isto dá-nos ideias para a nova área de investigação que tem de ser focada no domínio da IOT. Falta a garantia de segurança e privacidade, que é necessária neste domínio para vários utilizadores que lidam com muitas tecnologias e comunicações normalizadas. A solução para este problema de segurança consiste em conceber e desenvolver um espaço de trabalho independente que satisfaça as seguintes condições: Confiabilidade, controlo de acesso, privacidade para utilizadores e coisas, confiabilidade entre utilizadores e dispositivos, conformidade com políticas de segurança e privacidade. A investigação do autor visa desenvolver um sistema seguro com a integração das tecnologias IOT e de comunicação, e a proteção da segurança IOT nos dispositivos móveis é uma área de investigação importante. Há muitos outros esforços para desenvolver um sistema IOT normalizado no mundo real, desenvolvidos por investigadores de todo o mundo.

O resto do livro está organizado da seguinte forma: A Secção 2 descreve uma abordagem integrada para problemas comuns na Internet das Coisas. A secção 3 apresenta uma panorâmica geral dos protocolos de comunicação seguros para a Internet das Coisas. A secção 4 apresenta uma panorâmica pormenorizada do MRPL: Impulsionar a mobilidade na Internet das coisas. A secção 5 apresenta a proteção de dados na Internet das coisas. A secção 6 apresenta a análise dos sistemas de autenticação RFID para a Internet das Coisas nos cuidados de saúde utilizando criptografia. A secção 7 trata de uma análise comparativa dos grandes volumes de dados temporais na Internet das Coisas no sector automóvel. A secção 8 aborda uma avaliação prática do processamento e da abstração de informações para a Internet das Coisas. A secção 9 conclui o livro e apresenta uma perspetiva da investigação futura.

2. UMA ABORDAGEM INTEGRADA PARA PROBLEMAS COMUNS NA INTERNET DAS COISAS

Sergey Efremov, NikolayPilipenko() afirmam que as ideias recentemente desenvolvidas e a investigação no domínio da ciência abriram caminho para a nova terminologia da Internet das Coisas. Um dos objectivos mais importantes é permitir que estes objectos reais comuniquem entre si. As ideias mais recentes da Web das Coisas ou da Web Social das Coisas mostram-nos os diferentes problemas que temos de resolver para permitir a comunicação entre entidades. Para fazer avançar corretamente a Internet das Coisas numa vasta área do mundo, há muitos problemas para os quais é necessário encontrar soluções. Um dos muitos problemas é a possibilidade de descobrir rapidamente as entidades reais. Também precisamos de tratar e armazenar as informações sobre os metadados (dados dos dados) de uma forma adequada. O próximo grande problema é fornecer diferentes tipos de métodos de comunicação entre os dispositivos, sendo os métodos assíncronos os mais necessários, uma vez que a maioria das normas Web disponíveis não foram desenvolvidas para este fim. A solução para este problema proposta neste livro é o desenvolvimento de uma arquitetura IOT geral baseada na nuvem.

Neste livro, o primeiro problema de descoberta de dispositivos é o mais crítico a resolver, porque se os dispositivos não estiverem ligados entre si, a troca de dados entre eles não pode ser efectuada. (Com protocolo adaptativo e em função das necessidades espontâneas dos dispositivos). E também na descoberta de dispositivos, outra noção importante é a segurança, pelo que precisamos de garantir que apenas as pessoas autorizadas têm acesso aos dispositivos. A segunda solução proposta pelos autores requer especificação e testes em grande escala. A qualidade do serviço é o principal critério do protocolo adaptativo na troca de dados.

3. Protocolos de comunicação seguros para a Internet das Coisas

Kim Thuat Nguyen, Maryline Laurent (2015) defendem que a Internet das Coisas define uma rede de diferentes dispositivos que estão ligados e comunicam entre si. A comunicação nesta rede é possível mesmo que os dispositivos ligados não estejam autorizados. Assim, a interação do automóvel com dispositivos não autorizados conduz a um padrão decisivo nos requisitos de segurança para a rede. Devido a esta questão, os dispositivos IOT nestas redes devem ser dotados de recursos condicionais. Por conseguinte, são introduzidos novos protocolos de segurança da Internet para resolver o problema acima referido. Neste livro, os autores abordam as condições e a aplicabilidade do IP mais antigo com base nos protocolos de segurança da Internet. Os outros protocolos que satisfazem as limitações da norma IOT são os protocolos de segurança em redes de sensores sem fios. A designação, que se centra no mecanismo de distribuição, é efectuada através da análise dos protocolos. Uma nova categorização dos protocolos disponíveis que se baseiam na sua abordagem de arranque para estabelecer um canal de comunicação seguro. Estes protocolos e técnicas são categorizados de acordo com as suas vantagens e desvantagens. Utilizando esta metodologia, analisámos que as abordagens simétricas não são uma escolha difícil para a IOT. A criptografia de chave pública é utilizada no contexto das IOT quando as técnicas simétricas são devidamente optimizadas. Um papel mais ativo na segurança da IOT e da sua natureza heterogénea é a função de um terceiro de confiança. Além disso, os protocolos de segurança devem ter em conta as limitações de recursos dos objectos. O ECC e o NTRU, que utilizam criptografia simétrica, ou primitivas assimétricas ligeiras são utilizados para efeitos de RSA e protocolos de acordo Diffie-Hellman. Tem também como objetivo reduzir a complexidade da comunicação em protocolos de segurança ligeiros. Para além das questões de desempenho, a solução de segurança irá propor uma nova aplicação que explica cada vez melhor as capacidades e caraterísticas dos serviços IOT, tornando-os mais inteligentes.

4. MRPL: PROMOVER A MOBILIDADE NA INTERNET DAS COISAS

Os autores Hossein Fotouhi e Daniel Moriea (2015) afirmam que os protocolos que se tornaram a norma de facto para a IOT são o glowPAN (a versão light do IPV6) e o RPL (Routing Protocol for low-power & lossy links). Os algoritmos Trickle e Neighbour Discovery, que funcionam de forma reactiva e não têm em conta a dinâmica da mobilidade dos nós, são os dois algoritmos nativos que tratam das alterações na topologia da rede. A recolha fiável de dados móveis em tempo real é o cenário esperado das aplicações IOT emergentes. A longa latência, a elevada perda de pacotes e o elevado overhead apresentados pelos protocolos nativos RPL/GlowPAN são os principais problemas na recolha fiável de dados móveis. As soluções para o problema acima são superadas pelo mecanismo de transferência proactiva incorporado no RPL, que é simples, eficaz e compatível com backword. Este mecanismo reduziu a perda de pacotes para 50%, o atraso da transferência para 10% por segundo e a mobilidade dos nós para menos de um por cento. O algoritmo de salto inteligente foi implementado e integrado na pilha contiki GlowPAN /RPL, um sistema operativo amplamente utilizado para redes sem fios de baixo consumo. O algoritmo HOP inteligente é avaliado através de simulações e experiências exaustivas.

O autor propõe o problema da mobilidade para a futura aplicação IOT. O RPL com suporte de mobilidade rápida e eficiente é o protocolo de encaminhamento padrão para redes de baixo consumo na arquitetura IOT.

A solução proposta de um mecanismo inteligente de transferência de HOP foi implementada para os nós móveis, tendo em conta os horários das mensagens de controlo no âmbito do algoritmo trickle (DIS, D10 e DAO). Os nós móveis escolhem um novo pai preferido em função do RSSI médio (ARSSI), pelo que os nós vizinhos dentro do grupo filho de nós móveis não são considerados para evitar loops de encaminhamento. São tidas em conta as caraterísticas das ligações de baixa potência e as limitações da arquitetura IPV6. Para reduzir a probabilidade de colisões de pacotes durante a transferência, são aplicadas prioridades aos Ap's.

O teste do algoritmo Smart HOP em simulações e experiências exaustivas conduz a um modelo de propagação de rádio preciso no simulador, que tem impacto no desempenho da transferência.

Uma enorme sobrecarga de troca de mensagens de controlo devido à melhor definição dos parâmetros RPL para a aplicação móvel MRPL está disponível para manter uma baixa sobrecarga, apesar de ser sensível às alterações da rede. A taxa de entrega de pacotes de 100% da mobilidade é alcançada no desempenho do handoff MRPL, as alterações do tráfego de rede e a velocidade do nó móvel já eram conhecidas. Nas redes de baixo tráfego, o processo de handoff é menos dispendioso, como se pode observar pelo resultado. O aumento do tempo de transferência afecta o desempenho, aumentando o atraso da transferência, enquanto a variação da velocidade do nó móvel não altera o desempenho.

5. Proteção de dados na Internet das coisas

Afshan Samani, Hamada H.G henniva, (2015) propuseram um modelo e um quadro de proteção que permite lidar com uma grande quantidade de sistemas convencionais, sensores, dispositivos, software e sistemas de informação e aplicações numa nova forma de ambiente computacional da "Internet das Coisas". As "coisas" utilizadas no nosso quotidiano são os elementos essenciais dos processos IOT. Estas "coisas" são designadas por "objectos inteligentes" e comunicam entre si através da plataforma Internet, podendo igualmente prestar serviços importantes ao utilizador através da Internet. A adoção da IOT é cada vez mais rápida, mas as caraterísticas abertas suscitam preocupações em matéria de privacidade, uma vez que as "coisas" são autónomas, têm alguma autoridade para partilhar as suas competências e conhecimentos para realizar algumas tarefas, pelo que a privacidade constitui um grande desafio. Do ponto de vista das "coisas inteligentes", a privacidade desempenha um papel fundamental na computação dos dados. O autor propôs um novo modelo para a IOT "Sistemas Distribuídos Cooperativos CDS", que fornece uma nova abordagem para analisar e modelar conceitos e preocupações de privacidade. Ao utilizar o modelo CDS, as informações sensíveis podem ser partilhadas dentro dos limites exigidos e podem ser evitadas outras operações não autorizadas de informações, o que constitui o principal conceito de proteção da privacidade. A proteção da privacidade é entendida como uma forma de gestão da "informação sensível" ao nível da interação, e a PPL toma medidas para tratar os níveis de incerteza no mecanismo de proteção da privacidade. O trabalho foi proposto, o mecanismo de proteção da privacidade é a associação com o modelo CDS no nível de interação baseado no quadro de aplicação IOT foi estendido com a aplicação Contract Net Protocols (CNP) para apoiar a proteção da privacidade para o modelo. Os protocolos de interação e a operação de proteção para gerar privacidade com base no protocolo de interação

6. Análise dos esquemas de autenticação RFID para a Internet das Coisas NOS cuidados de saúde utilizando Criptografia

Debio He e Sherali Zeadly (2015) afirmam que a utilização de tecnologias IOT nos cuidados de saúde proporciona mais comodidade aos médicos e aos doentes. Esta tecnologia IOT pode ser utilizada em vários domínios médicos (por exemplo, monitorização contínua em tempo real, gestão da informação dos doentes, gestão de emergências médicas, gestão da informação sobre o sangue e gestão da saúde). Neste ambiente de cuidados de saúde, a identificação por radiofrequência (RFID) é uma das principais tecnologias de implementação da IOT. Os métodos de autenticação RFID foram propostos como um dos serviços de segurança mais importantes para a implementação da IOT nos cuidados de saúde, a fim de cumprir os vários requisitos de segurança. O autor propôs métodos de autenticação RFID baseados em criptografia de curva elíptica (ECC) que são utilizados no domínio dos cuidados de saúde e que ganharam muita força. Alguns dos requisitos de segurança que um método de autenticação RFID deve cumprir. Foi efectuado um inquérito para analisar os custos computacionais e de comunicação dos métodos de autenticação RFID baseados em ECC para cumprir os requisitos.

O autor sugeriu que apenas estão disponíveis três métodos de autenticação RFID baseados em ECC que cumprem todos os requisitos de segurança e desempenho no domínio dos cuidados de saúde. Estes três métodos de autenticação RFID baseados em ECC estão associados a custos de computação e de comunicação que os tornam adequados para a aplicação IOT no sector da saúde. Um esquema criptográfico é seguro através da utilização de um modelo de segurança que tem em conta os recentes avanços na criptografia moderna. Os esquemas RFID baseados em ECC propostos que são revistos afirmam que estes esquemas propostos são comprovadamente seguros num modelo de segurança adequado para sistemas RFID. Deve ser definitivamente estabelecido um modelo de segurança adequado para o sistema RFID, a fim de garantir uma comunicação segura no sistema RFID e também métodos de autenticação RFID que sejam comprovadamente mais seguros.

7. Uma análise comparativa de grandes volumes de dados limitados no tempo no ambiente da Internet dos Veículos

Neeraj Kumar e Sudip Misra (2015) afirmam que a "Internet das coisas" (IOT) evoluiu a partir do desenvolvimento da "Internet das coisas". Os veículos são vistos como objectos que estão ligados entre si para trocar dados e comunicar, formando uma rede ad hoc de veículos (VANET) na "Internet dos Veículos". Os objectos na IOV (Internet dos Veículos) são capazes de proporcionar segurança e entretenimento aos seus passageiros. O repositório de bases de dados (centralizado/distribuído) na IOV é de natureza espácio-temporal devido às contínuas alterações topológicas. Estes repositórios de bases de dados contêm as variáveis dos veículos na estrada, os dados relativos ao tráfego baseados na hora e na localização de um grande número de veículos interligados e informações sobre o destino final. Isto exige uma abordagem especializada neste domínio IOV.

Estes dados para o repositório da base de dados são recolhidos com base nas repetições de vários objectos, veículos, sensores, actuadores e a sua natureza de grande volume, velocidade, variedade, dimensão do tempo de transmissão, o que requer grande espaço de memória e tempo de computação para os processar. O maior desafio é processar a grande quantidade de dados inter-relacionados e entregá-los ao destino através de nós de retransmissão intermédios. O comportamento dos nós de retransmissão, que são cooperativos e não cooperativos, foi analisado pelo autor utilizando o Jogo de Coligação Bayesiano (BCG) e os Autómatos de Aprendizagem (LA). Os autómatos de aprendizagem estão estacionados nos veículos, que são os jogadores do jogo. A formação de uma coligação entre os jogadores calcula a probabilidade condicional. O comportamento dos nós, o tempo de negação, as taxas de aprendizagem e o número de acções realizadas são as diferentes métricas utilizadas para calcular o desempenho do sistema proposto. Para cada ação realizada por um sistema de automatização, este pode receber uma recompensa ou uma penalização do ambiente; estas acções são registadas para o futuro através de um vetor de probabilidade de ação. A probabilidade de atingir um equilíbrio de Nash (NE) aumenta com o conhecimento completo dos adversários em comparação com a informação incompleta; este facto é evidente nos resultados. Ao analisar a natureza cooperativa e não cooperativa dos jogadores no jogo, é feita uma comparação.

O autor propõe um conceito de BCG e LA para a autenticação segura da identificação por radiofrequência (RFID) em VANETs. As etiquetas RFID são utilizadas para captura e processamento. Ao criar um jogo de coligação em que a sincronização entre os leitores de etiquetas e as etiquetas RFID é activada, pode ser criado um sistema RFID seguro completo através da gestão e atualização de chaves com BCG.

7. Verificação agregada com base na hierarquia Esquema de autenticação para a Internet das Coisas

Husnsheng Ning, & Honghiu, 2015 afirma que a IOT é um sistema atrativo para realizar a ligação entre o espaço físico, cibernético e social. As questões de segurança são muito importantes durante a interação entre coisas ubíquas, pelo que é necessário criar uma solução melhorada para a proteção da segurança. A arquitetura U2IOT tem por objetivo (IOT unitária e IOT ubíqua) desenvolver um esquema de autenticação hierárquica agregada, baseada em provas (APHA) para a rede multicamadas.

1. Para conseguir uma transmissão anónima de dados em ambas as direcções, são criadas provas agregadas para vários alvos e os descritores de caminhos dirigidos, as funções de homomorfismo e os mapas cróticos de Chebyshev são utilizados em combinação para a autenticação mútua.

2. Para conseguir um controlo de acesso hierárquico, são atribuídas várias autorizações de acesso.

Para a IOT unificada e a IOT ubíqua, foram concebidos dois subprotocolos no APHA para proporcionar uma proteção de segurança ascendente. Os autores propuseram um esquema em que a descrição do caminho direcionado garante a confidencialidade e a integridade dos dados, os mapas cróticos de Chebyshev fornecem homomorfismo, um mecanismo leve estabelece relações de confiança e a frescura da sessão é obtida por um valor hash dinâmico. O APHA não tem falhas de segurança óbvias, como evidenciado pela realização de uma análise formal da lógica BAN. O APHA está disponível para a arquitetura U2IOT e outras aplicações IOT.

8. Uma AVALIAÇÃO PRÁTICA DO PROCESSAMENTO E DA ABSTRAÇÃO DA INFORMAÇÃO PARA A INTERNET DAS COISAS

Frieder Ganz e Daniel Pushmann (2015) afirmam que a interação e a comunicação entre os milhares de milhões de dispositivos que geram e trocam dados sobre objectos do mundo real são designadas por "Internet das Coisas". Neste mundo, são apresentadas várias aplicações interessantes para extrair informações de alto nível dos dados brutos capturados por vários dispositivos sensores e depois transformá-los em formas legíveis por humanos e utilizáveis por máquinas. Esta conversão de dados brutos em informação de alto nível é utilizada para encontrar, extrair e caraterizar a extração significativa dos dados necessários sob a forma de formatos legíveis por máquinas e pelo homem. É difícil aplicar uma única técnica de tratamento da informação a diferentes tipos de dados provenientes de diferentes dispositivos sensores heterogéneos @ cenários de aplicação como a saúde em linha, a monitorização ambiental e as aplicações domésticas inteligentes, bem como a natureza dinâmica dos sensores. Alguns dos métodos utilizados para abstrair e transformar as observações dos sensores em representações de informação são a aprendizagem automática, o padrão da Web semântica e as técnicas de extração de dados, bem como o processamento de sinais. Os autores investigaram que as ferramentas de software existentes utilizadas em diferentes domínios para implementar o processo de abstração de dados também podem ser utilizadas no domínio IOT. Os principais desafios e requisitos são a elevada escalabilidade e o processamento em tempo real dos dados. O autor analisou as várias vantagens e desvantagens das abordagens de investigação existentes e apresentou o KAT, uma ferramenta integrada de análise de dados IOT. Este KAT é utilizado para abstrair os dados utilizando métodos de análise de dados a partir de dados de sensores, importando dados de sensores de diferentes fontes. Os autores sugeriram que a investigação futura permitirá a análise de dados em grande escala no domínio IOT, alargando o método de análise KAT com computação de alto desempenho e ferramentas de análise de grandes volumes de dados, como o Hadoop Dynamicity Handling e extensões de seleção automatizadas. Para adaptar as mudanças na entrada e a capacidade de tratar dados multimodais sem qualquer especialização, estão a ser desenvolvidas técnicas de processamento e abstração de dados. Estas técnicas de processamento e abstração de dados são integradas no KAT para desenvolver um novo método adaptativo. Um novo conjunto de ferramentas de software implementará as técnicas introduzidas e incentivará a sua aplicação a diferentes conjuntos de dados.

9. CONCLUSÃO E TRABALHO FUTURO

Este livro apresenta uma análise pormenorizada das tendências futuras da computação em nuvem. O livro fornece uma perspetiva imensa sobre a próxima geração de computação em nuvem e os desenvolvimentos que se esperam até 2020. As conclusões e previsões sobre futuras técnicas/estratégias/métodos/algoritmos para sistemas de computação em nuvem foram derivadas com sucesso. O livro ilustra os pontos fortes para o enorme crescimento dos sistemas de computação em nuvem no futuro. Este livro promoverá a investigação em muitas áreas de aplicação inexploradas da computação em nuvem.

APÊNDICE

S.No.	Year	Authors	Problem Addressed	Proposed Solution Methodology/Technique/Algorithm/Strategy
1.	2014	Sergey Efrmov , Nikolay Philipenko	Discovering devices and inter communication devices	General cloud based IOT architecture
2.	2014	S.Sicari, A.Rizzardi	Security issues ,privacy problems	Solutions Suggested to solve the security issues.
3.	2014	Kim Thuat Nguyen, Maryline Laurent	Security requirements for network become critical.	Internet based security protocols and other security protocols used in wireless sensor network.
4.	2014	Hossein Fotouhi,Daniel Moreira.	Long message Latency, high packet loss in mobility.	Smart –Hop algorithm.
5.	2014	Afshan Samani, Hamada.H.Ghenniwa	Privacy for things in IoT	CDS Model of IoT

6.	2015	Debiao He, Sherali Eeadally.	Security requirement for the RFID techniques	Security model for RFID system and RFID authentication Scheme for security.
7.	2015	Neeraj kumar,Sudip Misra	To process large amount of data in the field of "Internet of vehicles".	Complete secure RFID authentication system using BCG and LA in VANET.
8.	2015	Huansheng Ning,Hong Liu	Security issues for ubiquitous things	Two sub protocols inAPHA for U2IOT architecture.
9.	2015	Frieder Ganz, Daniel Puschmann	Meaningful information abstraction from raw sensor data.	Software toolkit implemented with data processing and abstraction techniques.

CAPÍTULO 2
INTERNET DAS COISAS OMNIPRESENTE

No modelo de saúde ubíqua, os dados médicos individuais foram medidos por um dispositivo de saúde pessoal ubíquo (UHD) e a informação é enviada para o serviço de saúde, que fornece feedback aos médicos especialistas e aos doentes. É evidente que a função de análise e tratamento dos dados médicos era efectuada apenas no servidor. O modelo recentemente introduzido, designado por Internet das Coisas (IoT), tenta aplicar o modelo IoT em vários domínios. Este capítulo descreve a forma como a Internet das Coisas pode fornecer os principais factores para aplicações distribuídas de cuidados de saúde e como os cuidados de saúde são uma das aplicações mais promissoras para a Internet das Coisas.

O conceito de Internet das Coisas permite encontrar informações sobre uma determinada pessoa através da pesquisa de endereços na Internet ou de entradas em bases de dados. Este livro fornece investigação pormenorizada sobre abordagens para uma melhor monitorização da saúde e controlo dos parâmetros de saúde das populações rurais e pobres, como a tensão arterial, o açúcar, a hemoglobina (HB) e o crescimento anormal de células em qualquer parte do corpo. Para aumentar a qualidade do serviço (QoS), é utilizada a comunicação sem fios cooperativa. Os nós sem fios podem aumentar a QoS de forma cooperativa. De um modo geral, a IoT tem como componente principal a RFID (identificação por radiofrequência). A RFID pode identificar automaticamente objectos fixos ou em movimento. O principal objetivo da IoT é monitorizar e controlar objectos através da Internet.

O resto do livro está organizado da seguinte forma: A secção 2 descreve um sistema de recolha de dados e de transmissão inteligente para os cuidados de saúde baseado num motor de regras adaptativo e habilitado para a IoT A secção 3 apresenta uma panorâmica abrangente das aplicações no domínio dos cuidados de saúde: Uma solução baseada na Internet das Coisas. A secção 4 apresenta um serviço de cuidados de saúde inteligente pormenorizado através da colaboração entre dispositivos de saúde pessoais da IOT. A secção 5 apresenta a Internet das coisas nos cuidados de saúde. A secção 6 apresenta uma Internet das Coisas cooperativa para os cuidados de saúde rurais e para a monitorização e o controlo. A secção 7 fala de um sistema de apoio à saúde em instalações de assistência à autonomia no domicílio. A secção 9 conclui o livro com uma perspetiva de investigação futura.

2. Um sistema adaptativo, baseado em regras e apoiado por IOT para aquisição e transmissão remota de dados no sector da saúde

Sistema de transmissão

MRP Saikiran, P. Rajalakshmi, Krishna Bharadwaj, Amil Acharyya (2015) afirmam que, normalmente, nos cuidados de saúde, os dados relacionados com a medicina (ou seja, os dados médicos) são transmitidos para o gateway mais próximo para o processamento seguinte. No caso de monitorização remota de aplicações de cuidados de saúde, os dados médicos são capturados por sensores biomédicos. Os autores propuseram uma arquitetura de sistema baseada num motor de regras de baixa complexidade para a recolha de dados de saúde e a sua transmissão inteligente. A arquitetura utiliza o IEEE 802.15.4 para transmitir os dados médicos para o gateway. O dispositivo sofre com o tráfego da rede e o consumo de energia pode ser reduzido utilizando a transmissão baseada em eventos em vez da transmissão contínua de dados. Os autores desenvolveram dois motores de regras diferentes. Trata-se de um motor de controlo estático e de um motor de controlo adaptativo. Estes dois motores decidem se os dados recolhidos devem ser transmitidos. Estes dados recolhidos baseiam-se nas caraterísticas importantes extraídas dos dados, o que resulta numa poupança de energia. No seu trabalho, é considerada a arquitetura da aquisição e transmissão de dados ECG. É demonstrado que o motor de controlo proposto pelos autores permite uma redução significativa do consumo de energia e do tráfego de rede gerado.

3. Aplicações no sector da saúde: Uma solução baseada na

INTERNET DAS COISAS Nicola Bui e Michele Zorz (2016) afirmam que o quadro de comunicação da Internet das Coisas cria os principais facilitadores para aplicações de cuidados de saúde distribuídas e globais. Os autores analisaram os requisitos de um quadro de comunicação unificado com base na recente disponibilidade de sensores médicos sem fios e na proliferação de bases de dados de saúde electrónicas. Este livro centra-se na forma como a Internet das Coisas pode ser um quadro adequado para a comunicação no domínio da saúde em linha e, em particular, na forma como os dispositivos de baixo custo e baixa potência podem melhorar a qualidade de vida das pessoas que sofrem de doenças crónicas. Os principais intervenientes neste domínio são os doentes monitorizados, os médicos e as bases de dados de informação distribuídas. As informações relacionadas com a saúde dos doentes e dos médicos são enviadas através da WBAN (Wireless Body Area Network) para o HCR (Health Care Record) individual nas bases de dados distribuídas através de redes sem fios/locais (W/LAN) e da Internet. Os médicos e os doentes podem aceder a estes HCR em qualquer altura e em qualquer lugar. Estes registos são utilizados para consulta e comunicação entre eles em matéria de cuidados de saúde.

Tecnicamente, as normas de comunicação IOT, como COAP, 6LOWPAN (IPV6 over Low Power Wireless Personal Area Networks), etc., satisfazem os requisitos das aplicações de cuidados de saúde. Os autores forneceram uma descrição do impacto do quadro proposto e descreveram também a forma como a Internet das Coisas pode fornecer os principais factores para aplicações distribuídas de cuidados de saúde e como os cuidados de saúde são uma das aplicações mais promissoras para a IOT.

4. Serviços de saúde inteligentes com a ajuda de Cooperação entre dispositivos de saúde pessoal IOT

Byung Mun Lee e Jinsong Ouyang (2015) defendem que é aconselhável que as pessoas gerem a sua própria saúde e, em especial, as doenças crónicas. Existe também o modelo de saúde ubíqua. Neste modelo, os dados médicos individuais são medidos por um dispositivo de saúde pessoal ubíquo (UHD) e a informação é enviada para o serviço de saúde, que fornece feedback aos médicos especialistas e aos doentes. É evidente que a função de análise e tratamento dos dados médicos só tem lugar no servidor. O modelo da Internet das Coisas (IoT), recentemente introduzido, tenta aplicar o modelo da IoT em vários domínios.

Quando a técnica IoT é aplicada à UH, a UHD afasta-se da simples função de ditar e enviar dados de medição para o servidor e realiza uma troca de informações autónoma, fornecendo um feedback imediato e abrangente ao paciente. Neste livro, os autores propõem um modelo de serviço inteligente para os cuidados de saúde que fornece um feedback efetivo ao indivíduo. Os autores introduziram um protocolo de colaboração que transfere factores de risco entre dispositivos pessoais de saúde IOT. Os factores de risco estão relacionados com a pressão sanguínea, o açúcar no sangue, o IMC, etc. do paciente. Além disso, o autor propôs um algoritmo para uma aplicação de serviço intelectual que pode ser utilizado em dispositivos pessoais de saúde. Verificou-se que a gestão abrangente da avaliação fornece informações mais claras sobre o estado do doente em comparação com a gestão simples da avaliação, tendo sido considerada um modelo eficaz para os doentes gerirem autonomamente a síndrome metabólica.

5. Internet das coisas na gestão de activos

Os autores Liane Margarida Rockenbach,Leandro Marcio Bertholdo,Lisandro Zambenedetti G ranville,Lucas Medes Ribeiro Arbiza,Felipe Carbone,Marcelo Marotta,Jose jair Cardoso de santama (2015) afirmam que apesar da Internet das Coisas ter grandes vantagens, ela também possui desvantagens. Os problemas encontrados pelos autores são a interoperabilidade e a segurança no caso do sistema de saúde. O autor também apresentou a discussão no contexto do projeto REMOA. O projeto REMOA visa fornecer uma solução de cuidados domiciliários/telemonitorização para pacientes com doenças crónicas. O projeto REMOA está a considerar diferentes estratégias e protocolos para o intercâmbio geral de dados entre dispositivos de monitorização, como o monitor de tensão arterial e o sensor de movimento. O sistema geral recolhe informações de diferentes dispositivos de medição através de um middleware que proporciona a interoperabilidade e a segurança necessárias no contexto da Internet das Coisas. Para monitorizar o estado de saúde do doente, são utilizadas interfaces e funções WIFI que permitem a interoperabilidade e a transmissão de dados. Existe também um problema de interoperabilidade: o Bluetooth e o Zigbee são utilizados como dispositivos de ligação. Este problema poderia ser resolvido por um gateway WIFI/Bluetooth. Todos os dados relativos à saúde são considerados dados pessoais e privados e devem ser protegidos. A confidencialidade, a integridade e a autoridade devem ser mantidas para os dados médicos. O autor observou que as questões de interoperabilidade da IOT ainda não são consideradas um problema para o desenvolvimento de um sistema de transmissão de dados que ligue os prestadores de cuidados de saúde aos doentes. Algumas propostas de middleware utilizam SOA (Arquitecturas Orientadas para os Serviços) em redes incorporadas O middleware necessita de normas para melhorar a interoperabilidade dos dispositivos, especialmente no caso dos dispositivos de cuidados de saúde. O middleware incorporado proposto pelo autor fornece uma solução para

Melhorar a interoperabilidade e a gestão da segurança num contexto em que são utilizados dispositivos especializados da Internet das coisas para a monitorização da saúde com interfaces WIFI.

6. Uma INTERNET DAS COISAS COOPERATIVA PARA CUIDADOS DE SAÚDE RURAIS E MONITORIZAÇÃO E CONTROLO

Vandana Milind Rohoale, Neeli Rashmi Prasad, Ramjee Prasad, (2015) apresentaram uma abordagem denominada IOT cooperativa para uma melhor monitorização e controlo dos parâmetros de saúde das populações rurais e pobres, como a tensão arterial, o açúcar, a hemoglobina (HB) e o crescimento anormal de células em qualquer parte do corpo. Para aumentar a qualidade do serviço (QoS), é utilizada a comunicação sem fios cooperativa. Os nós sem fios podem aumentar a QoS de forma cooperativa. De um modo geral, a IoT tem como principal componente a RFID (identificação por radiofrequência). A RFID pode identificar automaticamente objectos fixos ou em movimento. O principal objetivo da IoT é monitorizar e controlar objectos através da Internet. Os autores propuseram um sistema denominado RHC (Rural Healthcare centre), no qual as pessoas registadas no RHC devem usar um sensor RFID ativo. Estas pessoas registadas são analfabetas. Se houver alguma alteração no seu corpo, esta é comunicada ao doente e ao médico do RHC. O pessoal do RHC pode então chegar às instalações médicas para os doentes urgentes.

Os autores afirmam que este sistema pode definitivamente reduzir a taxa de mortalidade nas zonas rurais dos países em desenvolvimento. A informação é transmitida ao médico do RHC através da Internet e, se não houver Internet, é transmitida ao médico do RHC, e os sensores usados pelas pessoas formam uma estrutura OLA (Opportunistic Large Array), que não é mais do que um grupo de nós. Pelo menos um RHC deve estar ativo em cada aldeia e qualquer alteração dos parâmetros de saúde (pulso, tensão arterial, hemoglobina, açúcar no sangue) é comunicada ao médico do RHC sob a forma de alertas ou de mensagens.

Os autores afirmam que a caraterística especial do sistema proposto é o facto de não ser necessária qualquer informação sobre a localização do nó e de não ser necessária uma potência de transmissão elevada para os dados. A abordagem proposta é fiável para aplicações de saúde críticas, como a monitorização contínua e o controlo de parâmetros de saúde. As poupanças de energia obtidas a partir de um determinado limiar são as vantagens adicionais deste sistema.

7. A IoT VAI AO ENCONTRO DOS PRESTADORES DE CUIDADOS: um SISTEMA DE APOIO À SAÚDE EM RESIDÊNCIAS ASSISTIDAS

Sebastian Aced Lopez, Fulsio Corno e Luigi DE Russis (2015) afirmam que os sistemas gerais de cuidados de saúde e a Assistência à Autonomia no Domicílio (AAL) se têm centrado principalmente na melhoria da qualidade de vida dos idosos nas suas próprias casas e no apoio ao pessoal médico em ambientes estruturados, como os hospitais. Além disso, o potencial da tecnologia IOT para melhorar ou, pelo menos, enriquecer estes sistemas através da deteção rápida e correta de sinais fisiológicos é também cada vez mais reconhecido de uma perspetiva técnica. Neste artigo, os autores apresentam um sistema que utiliza a sinergia entre a tecnologia móvel/vestível e os ambientes de cuidados inteligentes para apoiar os prestadores de cuidados em instalações de vida assistida (ALF) para indivíduos com deficiências físicas e cognitivas. O sistema de apoio aos cuidados de saúde proposto permitirá que os prestadores de cuidados sejam automaticamente alertados quando ocorrem situações perigosas para os residentes enquanto estes estão sozinhos. O resultado de três grupos de discussão realizados com 30 prestadores de cuidados de saúde de diferentes instalações de vida assistida (ALF'S) resultou em seis requisitos do sistema. O sistema foi desenvolvido como um protótipo e foi efectuada uma validação preliminar para verificar a sua viabilidade técnica. Os autores afirmam que o trabalho futuro consistirá em alargar o sistema implementado para reconhecer eficazmente situações potencialmente perigosas através de uma análise autónoma. em tempo real e experimentar com outros tipos de dispositivos portáteis/móveis.

8. CONCLUSÃO E TRABALHO FUTURO

Este livro apresenta uma análise pormenorizada das tendências futuras da IoT nos cuidados de saúde. O livro fornece uma perspetiva imensa sobre a próxima geração de computação em nuvem e os desenvolvimentos esperados até 2020. Foi possível chegar a uma conclusão e a uma previsão das futuras técnicas/estratégias/metodologias/algoritmos dos sistemas de computação em nuvem. O livro ilustra os pontos fortes para o enorme crescimento dos sistemas de computação em nuvem no futuro. Este livro promoverá a investigação em muitas áreas inexploradas da aplicação da IdC e das redes de sensores sem fios nos cuidados de saúde.

CAPÍTULO 3
COMPUTAÇÃO EM NUVEM DA PRÓXIMA GERAÇÃO

Introdução: Num curto espaço de tempo, a computação em nuvem difundiu-se a nível mundial, com a maioria das empresas e indústrias de TI a mudarem-se para a nuvem. As redes de computação em nuvem são conhecidas por fornecerem serviços baseados na Internet e a pedido. O controlo do fluxo de informação (IFC) é visto como uma forma de expressar, aplicar e demonstrar políticas e leis de privacidade. **Objetivo:** O objetivo deste capítulo é apresentar uma análise detalhada das tendências futuras da computação em nuvem. O livro fornece uma perspetiva abrangente da próxima geração de computação em nuvem e dos desenvolvimentos esperados até 2020. **Resultados:** São apresentadas conclusões e previsões sobre futuras técnicas/estratégias/métodos/algoritmos para sistemas de computação em nuvem. **Conclusão:** O capítulo termina com uma lista de pontos fortes para o enorme crescimento dos sistemas de computação em nuvem no futuro. Este capítulo encorajaria muita investigação em muitas áreas de aplicação inexploradas da computação em nuvem.

1. INTRODUÇÃO

A computação em nuvem surgiu como um novo paradigma de computação que visa proporcionar ambientes de computação fiáveis, personalizados e dinâmicos, centrados na melhoria do valor dos serviços e das infra-estruturas de TI. Nos últimos anos, a computação em nuvem tem vindo a ganhar força com novas inovações e aplicações comerciais. A computação em nuvem continuará a melhorar e a controlar a comunicação de informações dos utilizadores no futuro, uma vez que oferece muitos benefícios que permitem aos utilizadores um acesso fácil, instantâneo e personalizado a ferramentas e informações, de forma móvel, sempre e onde quer que precisem e a partir de qualquer dispositivo ligado em rede. A computação em nuvem no sector da saúde evoluiu para uma relação estreita entre o prestador de cuidados de saúde e o doente. A tecnologia de computação em nuvem apoia a colaboração e os cuidados de saúde em equipa, bem como a capacidade de utilizar aplicações em função das necessidades e um conjunto comum de informações médicas. Isto pode ser feito numa plataforma que permite às organizações de cuidados de saúde fornecer, utilizar e integrar dados médicos à autoridade que detém todos os dados sensíveis. Para tal, é necessário manter um nível de segurança e de proteção de dados igual ou superior ao que a TI tradicional proporciona. Um fornecedor de serviços de computação em nuvem pode oferecer os seus serviços a partir de diferentes localizações geográficas. Nesse caso, os dados de uma nuvem são processados noutra nuvem para garantir o equilíbrio da carga. Como já sabemos, os serviços de computação em nuvem dividem-se em três grandes categorias. Infraestrutura como serviço: O fornecedor de serviços de nuvem controla a gestão da rede, do hardware e do hipervisor. Software - como - um

- Serviço: O fornecedor de serviços de computação em nuvem gere todas as aplicações. Plataforma como um serviço: O fornecedor de serviços de computação em nuvem apoia o bom funcionamento do sistema operativo.

Um fornecedor de serviços de computação em nuvem é uma organização que fornece serviços de computação em nuvem ao cliente. Um cliente ou utilizador final é a pessoa que solicitou determinados serviços de computação em nuvem. Por vezes, um locatário actua como intermediário entre o fornecedor de serviços de computação em nuvem e o utilizador final. A IFC é responsável por garantir a conformidade com os regulamentos de proteção de dados e por resolver litígios legais. A IFC formula as políticas e as normas com base na localização dos dados. Quando a localização dos dados é rastreada e monitorizada, é possível evitar a utilização indevida dos dados e os escândalos. Isto melhora a transparência e a exatidão dos dados.

O resto do livro está organizado da seguinte forma: A secção 2 descreve o conceito de formulação e aplicação de requisitos de localização na nuvem utilizando o controlo do fluxo de informação. A secção 3 apresenta uma panorâmica abrangente da utilização de sensores de telemóveis para detetar a frequência respiratória rápida no diagnóstico de pneumonia. A secção 4 apresenta uma panorâmica pormenorizada dos vários impactos dos sistemas de computação em nuvem na qualidade do serviço dos sistemas de gestão do conhecimento. A secção 5 apresenta o processo de verificação de hardware e software através da computação em nuvem. Na secção 6, é apresentado um estudo sobre estruturas de casas inteligentes baseadas na nuvem. A Secção 7 aborda a segurabilidade dos riscos cibernéticos. Na secção 8, são abordados vários serviços, desafios de segurança e políticas de segurança na computação em nuvem. A proposta de concetualização da computação em nuvem prevalecente na literatura é analisada na secção 9. A secção 10 apresenta uma panorâmica geral da arquitetura do sistema de comunicações móveis 5G nas bandas de frequência mais elevadas descritas na literatura. A secção 11 conclui o livro com uma perspetiva de investigação futura.

2. Formulação e implementação de requisitos de localização em nuvem com controlo do fluxo de informação

Thomas F. J.-M. Pasquier e Julia E. Powles (2015) afirmam que os pontos de aplicação de políticas (PEP) são geridos por mecanismos normais de controlo do acesso aos dados, em que o utilizador deve ser autenticado para aceder aos recursos da nuvem. A IFC sempre

rastrear o percurso dos dados, por onde viajaram e onde serão utilizados ao longo da sua vida útil. Normalmente, a encriptação de todos os dados na nuvem é um fator de risco importante. Nestes casos, a IFC pode ser utilizada para efetuar cálculos utilizando dados não encriptados. Um sistema IFC inclui um contexto de segurança com duas propriedades principais, nomeadamente a confidencialidade e a integridade dos dados. Para a confidencialidade dos dados, aplica-se a regra "Não ler, não escrever". A confidencialidade impõe algumas restrições ao destino para o qual os dados são enviados. A regra "não - ler para baixo, não - escrever para cima" aplica-se à integridade dos dados. A integridade impõe apenas algumas restrições à fonte dos dados. Um processo que tenha propriedades de confidencialidade e integridade num local específico apenas permite que os dados sejam transferidos dentro desse local.

Os processos em diferentes locais transferem os seus dados utilizando os métodos de desclassificação e autenticação. A desclassificação cancela as condições de confidencialidade, tornando o fluxo de dados mais conveniente. A confirmação verifica se os dados recebidos são fiáveis ou não. A arquitetura IFC implementada na nuvem é constituída pelos seguintes componentes.

Mecanismos de aplicação do sistema operativo IFC: contém as condições IFC para a execução de aplicações na nuvem não modificadas.

Gestor de contexto: tem uma interface com o cliente e é responsável pela gestão do contexto de segurança no qual as aplicações na nuvem são executadas.

Middleware de mensagens: O IFC está ligado a centros de dados para estabelecer a comunicação entre dispositivos virtuais.

Sistema de auditoria: Os protocolos IFC são utilizados para transmitir apenas as informações necessárias ao cliente.

Uma plataforma habilitada para IFC permite que o cliente que utiliza serviços em nuvem defina suas próprias políticas para gerenciar o contexto de segurança. As políticas de IFC reconhecem geralmente duas coisas:

1) . o local onde os dados devem fluir.

2) . o local de onde os dados são originários.

A localização dos dados torna-se transparente e exacta quando os sinais de confidencialidade e integridade são atribuídos corretamente. A IFC numa rede de computação em nuvem é a melhor forma de formular e aplicar políticas e normas para a prestação de serviços de computação em nuvem. No entanto, os litígios jurídicos internacionais entre fornecedores de serviços de computação em nuvem continuam a ser difíceis de resolver.

3) UTILIZAÇÃO DE SENSORES DE TELEMÓVEL PARA DETERMINAR A FREQUÊNCIA RESPIRATÓRIA RÁPIDA NO DIAGNÓSTICO DE PNEUMONIA

De acordo com **Xingjuan Li (2016(a))**, a pneumonia é uma doença generalizada causada por bactérias, fungos e vírus. Mata cerca de dois milhões de crianças todos os anos. Dificuldades respiratórias, dores na parte inferior do peito, tosse, febre, dores de cabeça e perda de apetite são os sintomas da pneumonia. O fator mais importante no diagnóstico da pneumonia é a determinação da frequência respiratória. Atualmente, os telemóveis são geralmente utilizados apenas para fins de comunicação. Mas os sensores incorporados nos telemóveis, como os acelerómetros e os giroscópios, são capazes de detetar os sinais físicos causados pela atividade respiratória.

Os sensores dos telemóveis registam todos os sinais físicos. Os dados registados por estes sensores podem ser lidos por smartphones como o Android. Os dados são depois processados e os resultados são observados em Matlab para determinar a frequência respiratória rápida. Existem vários outros métodos que podem ser utilizados para determinar a frequência respiratória. São eles,

1. Observando cuidadosamente a onda de pressão gerada pelo oxigénio.
2. Análise da hemoglobina no sangue através de oxímetros de pulso.
3. Observando as alterações do volume de gás com um espirómetro.

Estes métodos requerem sempre um certo nível de especialização e equipamento avançado para determinar a frequência respiratória rápida. Um método de determinação da frequência respiratória rápida consiste em utilizar smartphones sem inserir instrumentos médicos no corpo. Este método é designado por método "não invasivo" de determinação da frequência respiratória.

O sistema é composto por três componentes principais.

1. Aplicação para Android - pode ler os dados armazenados nos sensores dos smartphones.
2. Secção de processamento de dados - elimina os sinais de interferência que interrompem o sinal de respiração.
3. Parte de feedback do utilizador - envia um relatório ao utilizador.

Para os dois sensores, o acelerómetro e o giroscópio, são utilizadas aplicações separadas, como a aplicação do acelerómetro e a aplicação do giroscópio, para monitorizar os sinais físicos e os dados registados nestes sensores, uma vez que os telemóveis Android utilizam diferentes marcas de tempo. Estes sensores também requerem três interfaces de utilizador - uma interface para ler os dados, uma interface para a capacidade do sensor e uma interface canvas para elaborar os valores do sensor. Para a aplicação do acelerómetro e do giroscópio, há atrasos de dados de 20 000 microssegundos. Para captar os movimentos gerados pela respiração, é necessário segurar o telemóvel em frente ao estômago ou ao peito.

A aquisição de dados é um processo em que os sinais analógicos são convertidos em sinais discretos correspondentes. Durante este processo, podem perder-se alguns dados. Para recuperar os dados perdidos, é necessário registar o tempo durante o qual os dados do sensor são adicionalmente enviados para o sistema.

A tecnologia de processamento de dados é armazenada na nuvem. Por exemplo, os dados do paciente que sofre de pneumonia são carregados para a nuvem para posterior processamento de dados após a identificação da sua frequência respiratória rápida. Os resultados obtidos na última etapa são submetidos a vários testes para garantir a otimização do resultado. Os resultados parecem conter uma margem de erro de apenas + ou - 2 respirações por minuto. Esta precisão não é alcançada com nenhuma outra técnica. A vantagem é que os smartphones registam a frequência respiratória rápida num minuto. No entanto, os smartphones têm algumas limitações, mesmo que sejam cómodos de utilizar.

4. EFEITOS DOS SISTEMAS DE COMPUTAÇÃO EM NUVEM NA QUALIDADE DO SERVIÇO DOS SISTEMAS DE GESTÃO DO CONHECIMENTO

Hamed Rezaei, Behdad Karimi e Seyed Jamalodin Hosseini (2016 (b)) A computação em nuvem desempenha um papel eficaz nos sistemas de informação e no tratamento de dados. A computação em nuvem é um meio de comunicação eficaz. É um método seguro e preciso de partilhar recursos informáticos na rede com um esforço mínimo. A computação em nuvem é uma das melhores plataformas para criar um sistema de gestão do conhecimento.

Numa organização, o sistema de gestão do conhecimento protegerá os utilizadores da perda de dados, formando um módulo de cópia de segurança inteligente. É útil na projeção de um gráfico de conhecimentos organizacionais. A principal vantagem da utilização de sistemas de gestão do conhecimento é o facto de aumentar a qualidade do sistema e acelerar o ciclo de produção do conhecimento. A qualidade do serviço é um fator importante em qualquer sistema de gestão do conhecimento.

O sucesso de uma organização depende inteiramente do cenário de sucesso do sistema de informação. Se for este o caso, então temos de considerar os seguintes factos em qualquer sistema de informação.

i. Qualidade do sistema
ii. Qualidade da informação
iii. Utilização do sistema
iv. Qualidade dos serviços
v. Satisfação do utilizador
vi. Benefício líquido

Acima de tudo, a qualidade do serviço é um fator-chave do qual derivam todas as outras qualidades. Cada sistema de informação deve ter uma elevada qualidade de serviço para satisfazer as necessidades dos utilizadores. A computação em nuvem é a plataforma mais adequada para operar com êxito um sistema de informação. A computação em nuvem é uma aplicação de armazenamento externo em que a organização tem de pagar pelo armazenamento dos seus dados na nuvem (com um terceiro).

Existem três tipos de modelos de serviços em nuvem: SaaS, PaaS e IaaS.

a. Software - as - a - Service (SaaS): refere-se ao sistema que aceita os pedidos dos utilizadores, processa-os e disponibiliza o serviço ao utilizador através da rede com a ajuda de software de aplicação e de sistema.
b. Plataforma - como - um - Serviço (PaaS): fornece ao utilizador os recursos necessários para implementar as suas aplicações num servidor sem a utilização de software.
c. Infraestrutura - como - um - serviço (IaaS): Para que o software funcione com

êxito, é necessário desenvolver uma boa infraestrutura que ajude o utilizador, fornecendo serviços a pedido.

Um estudo sobre a nuvem efectuado por uma empresa mostra que a "qualidade do serviço" aumenta quando os sistemas de gestão do conhecimento são implementados na nuvem. Este é um fator surpreendente que levará a nuvem para um campo muito distante. Certamente, o cenário de sucesso da "Qualidade do Serviço" indicará o sucesso de uma organização

5. VERIFICAÇÃO DO PROCESSO DE HARDWARE E SOFTWARE

ATRAVÉS DA COMPUTAÇÃO EM NUVEM

Ousama Esbel e Ng Ah Ngan Mike Christian(2016(c)) afirmam que os microcontroladores são sobretudo utilizados para a integração de dispositivos de hardware e software para construir sistemas automatizados. Os sistemas automatizados reduzem o trabalho humano e são úteis para obter resultados exactos e sem erros. São versáteis por natureza. Os dispositivos de hardware e software podem ser integrados em conjunto para os utilizar como interface de comunicação comum. Um exemplo bem conhecido de um sistema automatizado é a casa inteligente, que proporciona comodidade, segurança, conforto e poupança de energia ao utilizador.

Algumas interfaces de comunicação muito utilizadas são o Bluetooth, o WiFi e a rede GSM. A diferença entre Bluetooth e WiFi é que as tecnologias WiFi são mais

mais caros do que os sistemas baseados em Bluetooth. A tecnologia baseada no GSM pode ser utilizada para ultrapassar as restrições de distância. No entanto, as redes GSM não são fáceis de utilizar e não existem mecanismos de proteção adequados para proteger os dados.

Num sistema HAS (Home Automation System), os serviços Web são fornecidos utilizando mecanismos emergentes denominados "Internet das Coisas" (IoT). Podemos aceder ao sistema HAS utilizando camadas de aplicação como SOAP e RESTful. Um utilizador remoto pode comunicar eficazmente com os seus aparelhos domésticos utilizando serviços Web RESTful.

Os sistemas controlados localmente (LCS) são controlados pelo alcance da mobilidade e um utilizador local só pode operar os dispositivos de hardware localizados numa área específica. Os sistemas controlados remotamente (RCS) implicam que um utilizador remoto opere os dispositivos de hardware até estar disponível uma ligação à Internet. Os sistemas RCS são muito caros em comparação com os sistemas LCS. As principais desvantagens destes dois sistemas são o facto de não oferecerem escalabilidade e flexibilidade.

Os problemas destes sistemas podem ser resolvidos através da implementação de dispositivos de hardware e software através de uma rede de computação em nuvem. Uma rede de computação em nuvem é constituída por um centro de dados partilhado com uma arquitetura multi-tenancy. Ao utilizar a nuvem, podemos evitar a necessidade de hardware complexo, software, respectivas licenças, peritos, recursos de rede, etc. Um sistema HAS inclui dispositivos Android, redes em nuvem, comunicação sem fios e comunicação com a rede eléctrica para controlar aparelhos domésticos. Este sistema é composto por três componentes principais:

1. Cloud Server - gere todas as aplicações baseadas no browser e não há necessidade de instalar licenças de software e hardware no sistema do cliente.
2. Cliente - gere os dispositivos de hardware utilizados na casa.
3. Hardware - é um microcontrolador que utiliza conversores analógico-digitais.

Geralmente, as firewalls são utilizadas para impedir a comunicação desnecessária entre dispositivos. Mas quando estas firewalls são instaladas, acabam por bloquear a maior parte da comunicação de entrada de um dispositivo para outro numa rede.

Outra grande desvantagem é o facto de o endereço IP público mudar drasticamente sempre que é estabelecida uma nova ligação. Por conseguinte, não faz sentido exigir que um utilizador especifique um endereço IP constante. Existem vários métodos que podem ser utilizados para ultrapassar estes problemas.

1. Servidor de retransmissão - um intermediário chamado "servidor de retransmissão" sem firewall pode ser utilizado para garantir uma comunicação

correta e segura entre os dispositivos. O servidor de retransmissão utiliza um algoritmo denominado "mapeamento de portas" para estabelecer uma comunicação bidirecional entre o servidor e o dispositivo. O servidor e o dispositivo comunicam através de programação de sockets.

2. Serviços alojados - os serviços alojados são semelhantes à arquitetura orientada para os serviços (SOA) (fornece à organização apenas as funções e serviços de que necessita). Inclui também uma arquitetura orientada para eventos. É útil para suportar plataformas móveis. Alguns exemplos populares de serviços alojados são o Facebook Parse, o Pusher e o Google Cloud Messaging. A vantagem deste método é o facto de necessitar de poucos recursos.
3. Software - to - Software - integra dois dispositivos móveis de manutenção, como o Android, com o Arduino, utilizando um kit de desenvolvimento chamado ADK. O principal obstáculo deste método é o facto de só ser adequado para dispositivos compatíveis com o Android ADK.

As técnicas comuns utilizadas em todos estes métodos são

- Endereçamento
- entrega
- Descrição da
- Controlo
- Notificação do evento

A implementação de dispositivos de hardware e software numa rede em nuvem proporciona escalabilidade, flexibilidade, simplifica o manuseamento dos dispositivos, evita a redundância, melhora a segurança da informação e é menos dispendiosa. Embora tenha muitas vantagens, não é possível desenvolver uma arquitetura que satisfaça todos estes requisitos.

6. Uma ESTRUTURA PARA CASAS INTELIGENTES BASEADAS NA NUVEM

A virtualização é a principal caraterística da computação em nuvem, que cria uma máquina virtual para a implantação de aplicações do utilizador num computador físico. Do mesmo modo, outras aplicações, como as aplicações móveis interactivas, o processamento paralelo de lotes, as aplicações de análise empresarial, as aplicações de secretária com elevada intensidade computacional e os analistas empresariais podem também ser implementadas na computação em nuvem. Devido a duas caraterísticas extremas da computação em nuvem, podemos aceder aos serviços em nuvem em qualquer lugar e a qualquer momento,

- Escalabilidade
- Disponibilidade

Thanh Dat Dang (2017) propôs considerar a casa inteligente como um sistema independente do ambiente que permite serviços humanizados, como o entretenimento doméstico inteligente, a comunicação remota e o controlo doméstico inteligente. Utiliza uma interface comum para gerir automaticamente dispositivos e sistemas. Os computadores locais não são capazes de utilizar software de casa inteligente; por conseguinte, não faz sentido instalar software de casa inteligente em sistemas locais.

A computação em nuvem e a casa inteligente são ambas tecnologias emergentes. A colaboração das duas tecnologias traz mais benefícios, menos despesas e técnicas mais avançadas. Mas é uma tarefa difícil para os programadores de software criar uma estrutura para a nuvem e a casa inteligente. Para garantir a segurança e a privacidade dos dados, as casas inteligentes baseadas na nuvem dependem de uma infraestrutura de nuvem que fornece vários serviços aos utilizadores a pedido.

Para fornecer ao utilizador o serviço desejado, a casa inteligente gera os dados necessários, que são armazenados na nuvem para evitar barreiras de segurança. A nuvem utiliza políticas de controlo de acesso baseadas em funções, normas e mecanismos de encriptação fortes para proteger os dados armazenados na nuvem.

Com a ajuda das casas inteligentes baseadas na nuvem, os utilizadores podem solicitar uma casa em qualquer altura e em qualquer lugar.

A infraestrutura das casas inteligentes baseadas na nuvem deve ser capaz de satisfazer as necessidades dos utilizadores. A infraestrutura é concebida de forma a incluir um nível de software, um nível de infraestrutura e um nível de plataforma.

1. Camada de software - inclui a interface de serviço, o controlador de serviço e o diretório de serviço para interagir com o utilizador e fornecer os serviços. O controlador de serviços analisa os processos e envia respostas para satisfazer as necessidades do utilizador. A comunicação entre o cliente móvel e o servidor multimédia em casa é feita através do contentor do cliente, da gestão dos meios de comunicação, do gateway doméstico e do armazenamento na nuvem. Um telemóvel ou um tablet pode ser utilizado para medir e visualizar os dados dos sensores.
2. Camada de plataforma - desenvolvida com base na Plataforma - como - um - Serviço, que permite a gestão de recursos e de segurança. Os componentes de segurança são utilizados para proteger os dados dos piratas informáticos. Do mesmo modo, os componentes de gestão da virtualização são utilizados para monitorizar as máquinas virtuais, juntamente com o equilíbrio da carga e a deteção de erros.
3. Nível da infraestrutura - permite a utilização de recursos físicos para a prestação de serviços em nuvem. Aqui utilizamos componentes de visualização para monitorizar a capacidade de computação, o espaço de armazenamento, os recursos de rede e a casa inteligente. Esta camada inclui DFS (Distributed File Systems) para criar cópias redundantes de blocos de dados e atribuí-las a diferentes nós para facilitar o acesso aos dados. Esta camada também fornece recursos para a casa virtual
4.

(VHome) para fornecer os serviços ao domicílio solicitados pelo utilizador.

Embora as casas inteligentes baseadas na nuvem nos ofereçam uma variedade de aplicações, existem muitos obstáculos em termos de segurança e mobilidade. A estrutura que concebermos para uma casa inteligente baseada na nuvem deve ser capaz de ultrapassar todos estes obstáculos. Essa estrutura deve ser submetida a vários testes de validação e avaliação para provar que é adequada para a implantação.

7. Insurabilidade dos riscos cibernéticos

Christian Biener, Martin Eling e Jan Hendrik Wirfs (2018(a)) As actuais políticas e normas de seguros não são suficientes para lidar com o problema das violações de dados ou falhas de sistemas que conduzem a elevadas perdas financeiras e de reputação. Os ciberataques são reconhecidos como a maior ameaça que causa elevadas perdas económicas e sociais à nossa economia global. O seguro é um dos factores mais importantes na prevenção dos riscos cibernéticos.

O risco cibernético é geralmente entendido como o risco de perdas financeiras, perturbações ou danos que afectam a reputação de uma organização, bem como a falha dos seus sistemas de informação e tecnologia. Do ponto de vista dos seguros, o risco cibernético é considerado um risco operacional. O risco operacional define as estratégias que afectam a confidencialidade, a integridade e a disponibilidade da informação. Os riscos cibernéticos são classificados em quatro classes diferentes,

- Acções das pessoas
- Falhas do sistema e da tecnologia
- Processos internos falhados
- Eventos externos

Globalmente, o mercado dos seguros inclui os seguros de propriedade comercial e de responsabilidade civil. Mas nenhum dos seguros

As apólices cobrem a perda de riscos cibernéticos. Foi assim criado um novo mercado especializado que abrange todas as apólices de seguro relacionadas com os riscos cibernéticos. No entanto, estas apólices de seguro continuam a não ser utilizadas devido à falta de conhecimento.

Para distinguir entre riscos seguráveis e não seguráveis, é necessário efetuar um estudo exaustivo do mercado dos seguros. Os seguros para riscos seguráveis oferecem uma compensação financeira em caso de danos ou perda de informação. Na conceção das apólices de seguro de riscos cibernéticos seguráveis e das suas caraterísticas, é necessário ter em conta os seguintes factores

1. O desenvolvimento da frequência e da gravidade das perdas é uma política que inclui várias medidas de auto-proteção a tomar no momento de uma perda devida a ciberataques.
2. Política de risco - as interdependências entre os diferentes riscos cibernéticos são elevadas. Por conseguinte, os resultados do mercado dos seguros cibernéticos são susceptíveis de desenvolver a capacidade de sensibilização para as políticas de seguros cibernéticos a nível mundial.
3. Falta de dados - falta de conhecimento sobre as apólices de seguro cibernético para resolver grandes ataques cibernéticos.
4. Risco de mudança - a mesma apólice de seguro não é adequada em todos os casos. Os riscos cibernéticos estão a mudar drasticamente.
5. Assimetrias de informação - apesar da utilização de apólices de seguro adequadas, o valor de mercado é reduzido devido à seleção adversa. A perda de dados é um dos principais obstáculos à seleção adversa.
6. Valor do produto - As actuais apólices de seguro cibernético não incluem o risco de acesso a sítios Web não autorizados e os tomadores de seguros não são compensados pela perda financeira do produto.

Como a tecnologia no ciberespaço está a aumentar de dia para dia, as ameaças dos riscos cibernéticos também estão a aumentar. Por conseguinte, as actuais políticas e normas de seguro cibernético são inadequadas para proteger os sistemas de informação dos ciberataques. Embora o desenvolvimento do mercado e a capacidade de seguro estejam a aumentar devido a numerosas medidas de proteção, continua a ser um grande ponto de interrogação a forma como os sistemas de informação podem ser totalmente protegidos contra os ciberataques.

8. SERVIÇOS, DESAFIOS DE SEGURANÇA E POLÍTICAS DE SEGURANÇA NA COMPUTAÇÃO EM NUVEM

De acordo com Dattatray B. Pawar e A.S. Devare (2018(b)), a computação em nuvem tornou-se uma parte importante da tecnologia de comunicação e da segurança da informação para a maioria dos sectores de TI. Um facto é que a nuvem aumentou cerca de 10% em relação ao ano passado na prestação de serviços às organizações. Nos próximos dez anos, todas as organizações irão optar pela nuvem para utilizar as suas operações de forma segura. A nuvem pública é uma das principais causas do crescimento drástico da computação em nuvem, uma vez que aumentou o seu volume de trabalho em 33%.

Existem três modelos de serviços em nuvem que especificam o âmbito da organização, o tipo de serviço a fornecer e o controlo sobre os recursos informáticos.

1. Software-as-a-Service (SaaS): Prestação de serviços e recursos informáticos com base nas necessidades do utilizador. Isto reduz as despesas globais, incluindo os custos de manutenção, funcionamento e desenvolvimento.
2. Plataforma - como - um - serviço (PaaS): fornece uma plataforma para o cálculo e desenvolvimento de aplicações que podem ser implementadas na mesma plataforma. A principal vantagem da utilização da PaaS é o facto de a administração da plataforma ser simples.
3. Infraestrutura - como - um - Serviço (IaaS): fornece uma interface de serviço onde são criados objectos virtualizados para fornecer a muitas infra-estruturas informáticas os serviços necessários.

Para além dos serviços acima mencionados, a base de dados como serviço (DaaS) é um serviço emergente no sector das TI. Este serviço é prestado através de uma nuvem pública ou privada. Em ambos os casos, é normalmente necessário um administrador de bases de dados (DBA) para gerir a base de dados. No entanto, com o DaaS, não é necessário um DBA. Algumas vantagens do DaaS são,

- Custos reduzidos
- Acelera a implementação
- Eficiência
- Disponibilidade
- Complexidade das perdas
- Oferece um elevado nível de segurança

Existem quatro tipos de modelos de implantação na nuvem.

1. Nuvem privada - uma organização privada gere a infraestrutura fornecida pela nuvem conforme necessário.
2. Nuvem comunitária - várias organizações formam uma comunidade para utilizar a mesma infraestrutura.
3. Nuvem pública - a infraestrutura só pode ser utilizada por uma instituição pública ou por uma organização que ofereça serviços de nuvem.
4. Nuvem híbrida - é uma combinação de duas nuvens quaisquer.

Embora a nuvem desempenhe um papel importante na comunicação e na tecnologia, há muitas questões de segurança que se colocam. Uma das principais questões é a confiança. No caso de uma nuvem pública, os problemas de confiança são menores porque o proprietário da infraestrutura assume o controlo das políticas e normas de segurança dos serviços. Com uma nuvem privada, por outro lado, não precisamos de políticas de segurança porque a infraestrutura é gerida por uma organização privada e, se utilizarmos serviços a pedido e tecnologias partilhadas, as ameaças serão maiores. Outra grande desvantagem da computação em nuvem são as violações de dados. Uma violação de dados é um incidente em que dados sensíveis ou confidenciais são roubados por uma pessoa não autorizada. Nos últimos anos, foram roubados cerca de 110 milhões de dados. Mesmo que não exista uma cópia de segurança dos dados ou se um disco rígido externo falhar ou avariar, os dados perdem-se. Um intruso que seja tão bom a piratear irá certamente alterar os dados do utilizador, roubar os dados da conta de um cliente e manipular as transacções. Esta situação é conhecida como "sequestro de tráfego de conta" e deve ser mais ponderada no desenvolvimento de uma API, uma vez que esta deve ter boas técnicas de autenticação, encriptação e controlo de acesso. O cliente da nuvem deve manter a chave de encriptação consigo em vez de a armazenar na nuvem, uma vez que um atacante pode rapidamente localizar a chave. Um pirata informático pode criar software pirata para ter acesso aos dados de um cliente da nuvem. Isto é conhecido como "abuso da nuvem".

As organizações que estão a migrar para a nuvem devem ter um conhecimento profundo das políticas e do âmbito da segurança. Devem ser formuladas políticas de segurança robustas e normalizadas; devem ser utilizados bons métodos de proteção de dados, cifragem forte e autenticação para evitar a fuga de dados na nuvem. Os utilizadores da computação em nuvem devem ter conhecimento prévio de todos os riscos de segurança.

9. Proposta de concetualização na computação em nuvem

A proposta concetual de **Brent Fultz, Simon Billinge, Houman Owhadi, John Rehr e Mark Stalzer (2019)** inclui alguns métodos de ciência dos materiais computacionais para calcular o estado da computação científica na ciência da dispersão de raios X e neutrões (SIXNS). Um benefício intelectual deste esforço é criar um ambiente que nos permita desenvolver novos fluxos de trabalho para a ciência da dispersão. Os fluxos de trabalho permitirão aos cientistas obter conhecimentos mais fundamentais sobre a estrutura e a dinâmica dos materiais que não são compreendidos através da experimentação.

Na fase de concetualização, são utilizados novos instrumentos na fase de descoberta, na qual são definidas várias técnicas de dispersão com base na comunidade. A investigação no domínio da dispersão de raios X e de neutrões mostrou que a fonte de neutrões de espalhamento aumentou o seu brilho para um nível elevado. A fonte de luz coerente do linac também melhorou o seu brilho em ordens de grandeza. Ao fundir a investigação computacional com a investigação em matéria de dispersão, podemos converter eficazmente as ferramentas computacionais em fluxos de trabalho para a investigação em matéria de dispersão.

Os métodos computacionais da ciência dos materiais são necessários para calcular a estrutura eletrónica, a dinâmica molecular e a estrutura e dinâmica atómicas. A mecânica quântica e a mecânica estatística são mais úteis para fornecer informações para a investigação sobre a dispersão.

A principal tarefa da fase de concetualização é rever todos os objectivos de cada comunidade da ciência da dispersão para uma boa compreensão.

A investigação no campo da dispersão elástica mostrou que diferentes difracções têm a mesma estrutura, com os átomos dispostos numa ordem diferente. Quando estas diferentes difracções são combinadas, produzem resultados óptimos e fiáveis.

A terceira geração de fontes de raios X foi desenvolvida utilizando técnicas de espetroscopia de raios X, como a dispersão inelástica não ressonante e ressonante. A dispersão inelástica não ressonante é utilizada para calcular o fator de estrutura dinâmica, enquanto a dispersão inelástica ressonante é utilizada para gerar dados de alta resolução. Isto é feito na própria fase de conceção. Alguns destes fluxos de trabalho serão utilizados na altura dos testes beta. A visualização da comunidade de dispersão mostra que os dados e os serviços solicitados são distribuídos através da nuvem. A nuvem oferece amplas oportunidades de comunicação entre as comunidades. Um grande obstáculo neste trabalho de concetualização é a dificuldade de identificar e eliminar erros sistemáticos. Para ultrapassar este problema, são criados protótipos e efectuados testes empíricos. A quantificação da incerteza é um método de análise da dispersão dos dados. No entanto, este método conduz a uma complexidade espacial, uma vez que cria dimensões infinitas.

10. Arquitetura do sistema de comunicações móveis 5G na banda de frequência mais alta

Yi Wang, Jain Li, Lei Huang, Yao Jing, Andreas Georgakopoulas e Panagiotis

Demestichas (2020) Os sistemas móveis 4G da próxima geração estão a expandir-se para débitos de dados superiores a 6 GHz. Para permitir uma transmissão bem sucedida de 10 Gpbs, é necessário utilizar o espetro de alta frequência. O espetro IMT é um espetro emergente que exigirá frequências na gama de 1340 a 1960 MHz em 2020. Atualmente, apenas as frequências entre 885 e 1181 MHz são utilizadas para o IMT, pelo que precisamos de mais bandas de frequência para o 5G. Por esta razão, as bandas de ondas milimétricas (ondas mm) foram consideradas para investigação.

Milímetro Bandas de onda (3 - 300GHz) Ponto de apoio para

No entanto, o canal sem linha de visão (NLOS) é um problema para a comunicação por ondas milimétricas. Existem basicamente duas ligações,

1. Uplink que utiliza apenas frequências licenciadas.
2. A ligação descendente utiliza os dados do utilizador no espetro não licenciado.

As bandas de frequências mais altas suportam tanto o acesso por rádio sem fios como a transmissão de backhaul, fornecendo técnicas mais avançadas de planeamento e encaminhamento. Há um grande número de bandas de alta frequência que podem ser utilizadas para transmitir volumes muito elevados de dados.

Há três aspectos básicos a considerar ao selecionar um espetro.

1. O espetro deve ser capaz de atribuir corretamente a gestão e a regulamentação do espetro.
2. As frequências devem ser contíguas para permitir uma maior flexibilidade na atribuição de frequências.
3. O espetro que selecionámos deve ter a capacidade de servir múltiplos canais e também de utilizar todos os serviços de comunicações móveis.

A banda E pode ser utilizada como candidata ao 5G na gama de ondas milimétricas, uma vez que algumas bandas de frequências mais elevadas podem conduzir a maiores perdas de propagação. Atualmente, o 3GPP anunciou que fornecerá LTE no espetro não licenciado, mas está a trabalhar com base em procedimentos licenciados.

A arquitetura das comunicações móveis 5G inclui estações de base macro (MB) e estações de base de ondas milimétricas (mB) na primeira camada. As MB transmitem os dados mais importantes ao nível do controlo, enquanto as mB transmitem os dados ao nível do utilizador e os dados de backhaul. Na segunda camada, é utilizada uma única plataforma para o acesso via rádio e para as transmissões de retorno, a fim de planear eficazmente a utilização dos recursos. A terceira camada consiste em frequências de baixa frequência e de ondas milimétricas para aceder aos sinais MB e mB.

O backhauling centrado na carga é uma técnica utilizada em redes híbridas e que identifica erros como cargas de tráfego que causam alterações na rede. Em comparação com o backhauling adaptativo, o backhauling fixo não tem a capacidade de distribuir as cargas de tráfego.As redes híbridas também suportam a transmissão multi-frequência, de modo a atingir um débito de dados extremamente elevado com a ajuda de várias portadoras de frequência. São utilizadas duas caraterísticas na transmissão multifrequência. A primeira é conhecida como "C/U splitting", em que os dados do plano de controlo e os dados do plano do utilizador são separados de acordo com os seus requisitos. A segunda é o acesso a frequências não licenciadas. O desempenho do espetro não licenciado diminui quando ocorrem interferências inesperadas. Por conseguinte, é aconselhável utilizar apenas dados ao nível do utilizador em frequências não licenciadas.

A gestão inteligente e baseada no conhecimento dos sistemas de comunicações móveis permitirá obter maior eficiência e otimização na seleção das bandas de frequências adequadas, na oferta dos serviços necessários e na tomada de decisões. Este objetivo será alcançado através da utilização dos seguintes componentes.

1. Reconhecimento e deteção de contextos.
2. Desenvolvimento de conhecimentos sobre como lidar com os contextos.
3. Reflexões sobre como lidar com os contextos.
4. Implementação de uma técnica de tratamento de contexto optimizado,

A arquitetura das redes híbridas é caracterizada por backhauling centrado na carga, transmissões multifrequência e tecnologias de controlo inteligentes que suportam a comunicação móvel 5G. A combinação das transmissões de acesso via rádio e de backhaul permite obter soluções óptimas baseadas no conhecimento.

CAPÍTULO 4
CONCLUSÃO E TRABALHO FUTURO

Este livro apresenta uma análise pormenorizada das tendências futuras da computação em nuvem. O livro oferece uma perspetiva imensa sobre a próxima geração de computação em nuvem e os desenvolvimentos que se esperam até 2020. As conclusões e previsões sobre futuras técnicas/estratégias/métodos/algoritmos para sistemas de computação em nuvem foram derivadas com sucesso. O livro ilustra os pontos fortes para o enorme crescimento dos sistemas de computação em nuvem no futuro. Este livro promoverá a investigação em muitas áreas de aplicação inexploradas da computação em nuvem e da IdC.

REFERÊNCIAS

[1]Sergey Efremov*, Nikolay Pilipenko, Leonid Voskov," An Integrated Approach to Common Problems in the Internet of Things", 2014

[2]S. Sicari a, A. Rizzardi a, L.A. Grieco b, A. Coen-Porisini a,2014" Security, privacy and trust in Internet of Things: The road ahead", 2014.

[3]Kim Thuat Nguyen , Maryline Laurent b,1, Nouha Oualha , "A Survey on secure communication protocols for the Internet of Things", 2015.

[4]Hossein Fotouhi, Daniel Moreira, Mário Alves, "mRPL: Impulsionar a mobilidade na Internet das Coisas", 2014

[5]Afshan Samania,Hamada H.Ghenniwa a* , Abdulmutalib Wahaishi," Privacy in Internet of Things: A Model and Protection Framework" 2014.

[6]Debiao He e Sherali Zeadally, 2015," An Analysis of RFID Authentication Schemes for Internet of Things in Healthcare Environment Using Elliptic Curve Cryptography", 2015

[7]Neeraj kumar,Sudip Misra, "Collaborative learning automatabased routing for rescue operations in densely urban regions using vehicular sensor networks", 2015

[8]Huansheng Ning, Membro Sénior, IEEE, Hong Liu, Membro Estudante, IEEE, e Laurence T. Yang, Membro, IEEE,2015" Aggregated-Proof Based Hierarchical Authentication Scheme for the Internet of Things", 2015.

[9]Frieder Ganz, Daniel Puschmann, Payam Barnaghi, Membro Sénior, IEEE, e Francois Carrez,2015," A Practical Evaluation of Information Processing and Abstraction Techniques for the Internet of Things"

[10] Thomas F. J. - M. Pasquier, Julia E. Powles, "Expressando e impondo requisitos de localização na nuvem usando o controle de fluxo de informações", 2015.

[11] Xingjuan Li, "Using Mobile Phone Sensors to Detect Rapid Respiratory Rate in the Diagnosis of Pneumonia", International Journal of Engineering and Technology, Vol. 8, No. 4, April 2016 (a).

[12] Hamed Rezaei, Behdad Karimi e Seyed Jamalodin Hosseini, "Effect of Cloud Computing Systems in Terms of Service Quality of Knowledge

Management Systems", Lecture Notes on Software Engineering, Vol. 4, No. 1, fevereiro de 2016 (b).

[13] Ousama Esbel e Ng Ah Ngan Mike Christian, "Processo de verificação de hardware e software através da nuvem
Computing", Lecture Notes on Software Engineering, Vol. 4, No. 2, maio de 2016 (c).

[14] Thanh Dat Dang, "A Framework for Cloud - Based Smart Home", apresentado em 28 de agosto de 2017.

[15] Christian Biener, Martin Eling e Jan Hendrik Wirfs, "Insurability of Cyber Risk", Newsletter Insurance and Finance, Associação de Genebra, n.º 14, agosto de 2014.

[16] Balamurugan Shanmugam, Visalakshi Palaniswami, "Modified Partitioning Algorithm for Privacy Preservation in Microdata Publishing with Full Functional Dependencies", Australian Journal of Basic and Applied Sciences, 7(8): pp.316323, julho de 2013

[17] S.Balamurugan, P.Visalakshi, V.M.Prabhakaran, S.Charanyaa, S.Sankaranarayanan: Estratégias para resolver problemas de agendamento de fluxo de trabalho NP-hard em ambientes de computação em nuvem: Australian Journal of Basic and Applied Sciences, Vol 8. Issue 6, outubro de 2014.

[18] Balamurugan Shanmugam, Visalakshi Palaniswami, Santhya. R, Venkatesh. R.S., Strategies for Privacy Preserving Publishing of Functionally Dependent Sensitive Data: A State- of- the- Art Survey: Australian Journal of Basic and Applied Sciences, Vol 8. Issue 5, setembro de 2014.

[19] MRP Saikiran,P.Rajalakshmi,Krishna Bharadwaj,Amil Acharyya Um motor de regras adaptativo baseado em IOT ENABLED REMOTE Health Care Data Acquisition and Smart Transmission System, 2015

[20] Nicola Bui e Michele Zorz, Aplicações no sector da saúde: Uma solução baseada na Internet das Coisas, 2015

[21] Byung Mun Lee e Jinsong Ouyang Serviços de saúde inteligentes através da colaboração de dispositivos IOT, 2015

[22] Liane Margarida Rockenbach,Leandro Marcio Bertholdo,Lisandro Zambenedetti G ranville,Lucas Medes Ribeiro Arbiza,Felipe Carbone,Marcelo Marotta,Jose jair Cardoso de santama Intwernet in Wealthcare, 2016

[23] Vandana Milind Rohoale, Neeli Rashmi Prasad, Ramjee Prasad, Uma Internet das Coisas cooperativa para os cuidados de saúde rurais e a monitorização e controlo, 2015

[24] Sebastian Aced Lopez, Fulsio Corno, Luigi DE Russ, A IoT encontra os prestadores de cuidados: um sistema de apoio à saúde em instalações de vida assistida, 2015

[25] Thomas F. J. - M. Pasquier, Julia E. Powles, "Expressando e impondo requisitos de localização na nuvem usando o controle de fluxo de informações", 2015.

[26] Xingjuan Li, "Using Mobile Phone Sensors to Detect Rapid Respiratory Rate in the Diagnosis of Pneumonia", International Journal of Engineering and Technology, Vol. 8, No. 4, April 2016 (a).

[27] Hamed Rezaei, Behdad Karimi e Seyed Jamalodin Hosseini, "Effect of Cloud Computing Systems in Terms of Service Quality of Knowledge Management Systems", Lecture Notes on Software Engineering, Vol. 4, No. 1, fevereiro de 2016 (b).

[28] Ousama Esbel e Ng Ah Ngan Mike Christian, "Processo de verificação de hardware e software através da computação em nuvem", Lecture Notes on Software Engineering, Vol. 4, No. 2, maio de 2016 (c).

[29] Thanh Dat Dang, "A Framework for Cloud - Based Smart Home", apresentado em 28 de agosto de 2017.

[30] Christian Biener, Martin Eling e Jan Hendrik Wirfs, "Insurability of Cyber Risk", Newsletter Insurance and Finance, Associação de Genebra, n.º 14, agosto de 2014.

[31] Dattatray B. Pawar e A. S. Devare, "Services, Security Challenges and Security Policies in Cloud Computing", Revista Internacional de Investigação em Engenharia e Tecnologia, Vol. 03, Dez. 2014.

[32] rent Fultz, Simon Billinge, Houman Owhadi, John Rehr e Mark Stalzer, "Conceptualisation Proposal", 12 de dezembro de 2011.

[33] Yi Wang, Jain Li, Lei Huang, Yao Jing, Andreas Georgakopoulos e PangloTis Demestichas, "Architecture of 5G Mobile Communication System in Higher Frequency Band", 2020.

[34] Balamurugan Shanmugam, Visalakshi Palaniswami, "Modified Partitioning Algorithm for Privacy Preservation in Microdata Publishing with Full Functional Dependencies", Australian Journal of Basic and Applied Sciences, 7(8): pp.316323, julho de 2013

[35] S.Balamurugan, P.Visalakshi, V.M.Prabhakaran, S.Charanyaa, S.Sankaranarayanan: Estratégias para resolver problemas de agendamento de fluxo de trabalho NP-hard em ambientes de computação em nuvem: Australian Journal of Basic and Applied Sciences, Vol 8. Issue 6, outubro de 2014.

[36] Balamurugan Shanmugam, Visalakshi Palaniswami, Santhya. R, Venkatesh. R.S., Strategies for Privacy Preserving Publishing of Functionally Dependent Sensitive Data: A State- of- the- Art Survey: Australian Journal of Basic and Applied Sciences, Vol 8. Issue 5, setembro de 2014.

Índice

CAPÍTULO 1 5
CAPÍTULO 2 17
CAPÍTULO 3 24
CAPÍTULO 4 44
REFERÊNCIAS 45

MIX
Papier aus verantwortungsvollen Quellen
Paper from responsible sources
FSC® C105338

Printed by Books on Demand GmbH, Norderstedt / Germany